A T I S,
TRAGEDIE,

REPRESENTÉE

DEVANT SA MAJESTÉ,

A SAINT GERMAIN-EN-LAYE,

Les années 1676. & 1682.

ET PAR L'ACADEMIE ROYALE DE MUSIQUE,

En 1679. 1690. 1699. 1709. 1725. & 1738.

Remiſe au Théâtre le Mardi 7 Novembre 1747.

NOUVELLE EDITION.

PRIX XXX. SOLS.

AUX DEPENS DE L'ACADEMIE.

On trouvera les Livres de Paroles à la Salle de l'Opera & à l'Academie Royale de Muſique, rue S. Nicaiſe.

M. D.C.C. XLVII.

AVEC APPROBATION ET PRIVILEGE DU ROY.

Les Paroles de Monsieur Q U I N A U L T,

La Musique de Monsieur de L U L L I.

ACTEURS CHANTANS

Dans les Chœurs.

CÔTE' DU ROI.		CÔTE' DE LA REINE.	
Mesdemoiselles.	*Messieurs.*	*Mesdemoiselles.*	*Messieurs*
un.	Lefebvre.	Cartou.	Deferre.
	Marcelet.		Gratin.
ulou	Le Page C.	Monville.	S. Martin.
	Laubertie.		Le Mefle.
elorge.	Fel.	Maffon.	Sequeval.
	Bourque.	Rôllet.	Bellanger.
rcher.	Houbault.	Daliere.	Levaffeur.
	Bornet.		Belot.
elâtre.	Duchênet	Somerville.	
	Orban.		Loüatron.
zeau.	Rochette.	Lablotiere.	Chapotin.
edville.	Pinot.	Gondré.	Dugué.

A ij

ACTEURS DU PROLOGUE.

LE TEMS,	M^r De Chaffé.
FLORE,	Mlle Romainville.
MELPOMENE,	Mlle Metz.
UN ZEPHIR,	M^r De la Tour.
IRIS,	Mlle Chedeville.

Les HEURES *du jour & de la nuit, de la fuite du* TEMS.

PERSONNAGES DANSANS,

SUITE DE FLORE.

Mlle LE BRETON.

Mr MATIGNON, Mlle LYONNOIS.

M^{rs} Le Fevre, Laval, Levoir, Dangeville, Bourgeois,

Mlles Courcelle, Thieri, Beaufort, Minot, Lyonnois, C.

HEROS de la fuite de MELPOMENE.

HERCULE,   ANTÉE.

Mr MONSERVAIN, Mr LEVOIR.

Mrs Taulaigo, Feuillade, P. Dumoulin, Caillez.

PROLOGUE.

Le théâtre repréſente le palais du TEMS : *Ce Dieu*
y paroît au milieu des douze Heures du jour ,
& des douze Heures de la nuit.

LE TEMS.

EN vain j'ai reſpecté la célebre memoire
    Des Heros des ſiecles paſſés ;
  C'eſt en vain que leurs noms ſi fameux dans
      l'hiſtoire ,
Du ſort des noms communs ont été diſpenſés :
Nous voyons un HÉROS dont la brillante gloire
      Les a preſque tous effacés.

CHŒUR DES HEURES.

    Ses juſtes loix ,
    Ses grands exploits

Rendent fa memoire éternelle :
Chaque jour, chaque inftant
Ajoûte à fon nom éclatant
Une gloire nouvelle.

La Déeffe FLORE , *s'avance avec fa fuite.*

Danfe de la fuite de Flor

L E   T E M S.

La Saifon des frimats peut-elle nous offrir
Les fleurs que nous voyons paroître ?
Quel Dieu les fait renaître ,
Lorfque l'Hyver les fait mourir ?

Le froid cruel regne encore ,
Tout eft glacé dans les champs ;
D'où vient que Flore
Devance le Printems ?

F L O R E.

Quand j'attens les beaux jours , je viens toûjours
trop tard ,
Plus le Printems s'avance , & plus il m'eft contraire,
Son retour preffe le départ ,
Du HEROS à qui je veux plaire :

Pour lui faire ma cour, mes foins ont entrepris
De braver déformais l'Hyver le plus terrible ;
Dans l'ardeur de lui plaire, on a bien-tôt appris
    A ne rien trouver d'impoffible.

LE TEMS & FLORE.

Les plaifirs à fes yeux ont beau fe préfenter,
Si-tôt qu'il voit Bellone, il quitte tout pour elle :
    Rien ne peut l'arrêter,
    Quand la gloire l'appelle.

Le Chœur des Heures repete ces deux derniers vers.

On danfe.

UN ZÉPHIR.

Le Printems quelquefois eft moins doux qu'il ne
    femble,
    Il fait trop payer fes beaux jours ;
Il vient pour écarter les Jeux & les Amours,
    Et c'eft l'hyver qui les raffemble.

MELPOMENE paroît accompagnée d'Hercule, d'Antée,
    & de plufieurs autres Heros.

MELPOMENE à FLORE.

Retirez-vous, ceffez de prévenir le Tems,
Ne me dérobez point de précieux inftans ;

8   *A T I S,*

La puiſſante Cibelle,
Pour honorer Atis qu'elle a privé du jour,
Veut que je renouvelle
Dans une illuſtre Cour
Le ſouvenir de ſon amour.

Que l'agrément ruſtique,
De Flore & de ſes jeux,
Céde à l'appareil magnifique
De la Muſe tragique
Et de ſes Spectacles pompeux.

IRIS deſcend du Ciel.   *On danſe.*

IRIS à MELPOMENE.

Cibelle veut que Flore aujourd'huy vous ſeconde,
Il faut que les Plaiſirs viennent de toutes parts
Dans l'Empire puiſſant où regne un nouveau MARS;
Ils n'ont plus d'autre azile au monde.

Rendez-vous, s'il ſe peut, digne de ſes regards;
Joignez la beauté vive & pure
Dont brille la Nature,
Aux ornemens des plus beaux arts.

MELPOMENE & FLORE.

Rendons-nous, s'il ſe peut, dignes de ſes regards;
Joignons la beauté vive & pure
Dont brille la Nature,
Aux ornemens des plus beaux Arts.

LE

LE TEMS, MELPOMENE & FLORE,
avec le CHŒUR.

Préparons de nouvelles Fêtes,
Profitons du loifir du plus grand des HEROS,
Le tems des jeux & du repos,
Lui fert à méditer de nouvelles conquêtes.

FIN DU PROLOGUE.

ACTEURS DE LA TRAGEDIE.

ATIS, *Parent de* SANGARIDE *& Favori de* CELÆNUS.   Mr Jeliote.

IDAS, *Ami d'*ATIS,   Mr Albert.

SANGARIDE, *Nimphe*,   Mlle Fel.

DORIS, *Nimphe, Amie de* SAN-GARIDE,   Mlle Coupée.

CHŒUR, *de Phrigiens & de Phri-giennes.*

LA DÉESSE CIBELLE,   Mile Chevalier.

MELISSE, *Confidente & Prêtreſſe* DE CYBELLE,   Mlle Jacquet.

CELÆNUS, *Roy de Phrigie*,   Mr de Chaſſé.

SUIVANS *de* CELÆNUS.

PEUPLES *differens*,

MORPHÉE,   Mr De la Tour.

PHOBETOR,   Mr Perſon.

PHANTAZE,   Mr Cuvillier.

UN SONGE FUNESTE,   Mr Armand.

SONGES *agréables & funeſtes*,

LE FLEUVE SANGAR,   Mr le Page.

UN FLEUVE,   Mr De la Tour.

DIEUX *de differens Fleuves*,

PERSONNAGES DANSANS.

PREMIER ACTE.

PHRIGIENS ET PHRIGIENNES.

M^r. DUPRÉ.

Mrs Dumay , Dupré , Feuillade , Matignon ,
Mlles Carville , Pitro , Beaufort , Thieri.

SECOND ACTE.

PEUPLES DIVERS.

AFFRICAINS.

Mlle DALLEMAND.

M^{rs} Le Febvre , Laval ,
Mlles Puvigné , Dafenoncourt.

SCYTHES.

Mrs Feuillade , Caillez.
Mlles Devaux , Parquet.

GRECS.

Mrs Hamoche , Malter C.
Mlles Lyonnois C. , Sauvage.

TROISIEME ACTE

SONGES AGRÉABLES.

Mᵗ DUMOULIN, Mˡˡᵉ LE BRETON.

Mᵗˢ Laval, Hamoche, Le Febvre, Levoir,
P. Dumoulin, Caillez.
Mˡˡᵉˢ St-Germain, Courcelle, Thieri, Beaufort,
Lyonois C., Minot.

SONGES FUNESTES.

Mᵗ LYONNOIS,

Mᵗˢ Dumay, Dupré, Matignon, Feuillade,
Monfervain, Taulaigo.

QUATRIEME ACTE.

SUITE DU FLEUVE SANGAR.

FLEUVES ET NAYADES.

Mˡˡᵉ. CAMARGO.

Mᵗˢ F. Dumoulin, Malter C.
Mˡˡᵉˢ Minot, Lyonois C.

RUISSEAUX ET FONTAINES.

Mᵗ D. DUMOULIN, Mˡˡᵉ DALLEMAND.

Mᵗˢ Le Febvre, Hamoche,
Mˡˡᵉˢ Puvignée, Dafenoncourt.

Mˡˡᵉ PUVIGNÉE.

Mᵗˢ Laval, Bourgeois.
Mˡˡᵉˢ Brifeval, Hymblot.

ATIS,
TRAGEDIE.

ACTE PREMIER.

Le théâtre repréfente une Montagne confacrée
à CIBELLE.

SCENE PREMIERE.

ATIS.

A LLONS, allons, accourez tous,
  Cibelle va defcendre ;
Trop heureux Phrigiens, venez ici l'at-
  tendre.
  Mille Peuples feront jaloux
  Des faveurs que fur nous
  Sa bonté va répandre.

SCENE II.
IDAS & ATIS,

ENSEMBLE.

ALlons, allons , accourez-tous,
Cibelle va defcendre.

ATIS.

Le Soleil peint nos champs des plus vives couleurs,
Il a feché les pleurs
Que fur l'émail des prez a répandu l'Aurore
Et fes rayons nouveaux ont déja fait éclore
Mille nouvelles fleurs.

IDAS.

Vous veillez lorfque tout fommeille ;
Vous nous éveillez fi matin ,
Que vous ferez croire à la fin
Que c'eft l'Amour qui vous éveille.

ATIS.

Non , tu dois mieux juger du parti que je prens.
Mon cœur veut fuir toujours les foins & les mifteres;
J'aime l'heureufe paix des cœurs indifferens ;
Si leurs plaifirs ne font pas grands,
Au moins leurs peines font legeres.

I D A S.

Tôt ou tard l'amour est vainqueur ,
En vain les plus fiers s'en défendent :
On ne peut refuser son cœur
A de beaux yeux qui le demandent.
Atis , ne feignez plus , je sçais votre secret.
Ne craignez rien , je suis discret.

Dans un bois solitaire & sombre ,
L'indifferent Atis se croyoit seul un jour ;
Sous un feuillage épais où je rêvois à l'ombre ,
Je l'entendis parler d'amour.

A T I S.

Si je parle d'amour , c'est contre son empire ,
J'en fais mon plus doux entretien.

I D A S.

Tel se vante de n'aimer rien ,
Dont le cœur en secret soupire.
J'entendis vos regrets , & je les sçais si bien
Que si vous en doutez , je vais vous les redire.

» Amans qui vous plaignez, vous êtes trop heureux.

» Mon cœur de tous les cœurs est le plus amoureux,

» Et tout près d'expirer je suis réduit à feindre.

» Que c'est un tourment rigoureux

» De mourir d'amour sans se plaindre !

» Amans, qui vous plaignez, vous êtes trop heureux.

A T I S.

Idas, il eſt trop vrai, mon cœur n'eſt que trop tendre,
L'Amour me fait ſentir ſes plus funeſtes coups.
Qu'aucun autre que toi n'en puiſſe rien apprendre.

S C E N E III.

SANGARIDE, DORIS, ATIS, IDAS.

SANGARIDE & ATIS enſemble.

Allons, allons, accourez tous,
　　Cibelle va deſcendre.

SANGARIDE.

Ecoutons les Oyſeaux de ces bois d'alentour,
Ils rempliſſent leurs chants d'une douceur nouvelle;
　　On diroit que dans ce beau jour,
　　Ils ne parlent que de Cibelle.

A T I S.

Si vous les écoutez, ils parleront d'amour.
　　Un Roi redoutable,
　　Amoureux, aimable,
　　Va devenir votre époux;
　　Tout parle d'amour pour vous.
　　　　　　　　SANGARIDE.

SANGARIDE.

Il eſt vrai, je triomphe, & j'aime ma victoire.
Quand l'Amour fait regner, eſt-il un plus grand
   bien ?
   Pour vous, Atis, vous n'aimez rien,
      Et vous en faites gloire.

A T I S.

L'Amour fait trop verſer de pleurs ;
Souvent ſes douceurs ſont mortelles :
Il ne faut regarder les Belles
Que comme on voit d'aimables fleurs.

   J'aime les roſes nouvelles,
   J'aime à les voir s'embellir ;
   Sans leurs épines cruelles,
   J'aimerois à les cueillir.

S A N G A R I D E.

   Quand le péril eſt agréable,
   Le moyen de s'en allarmer ?
   Eſt-ce un grand mal de trop aimer
      Ce que l'on trouve aimable ?
Peut-on être inſenſible aux plus charmans appas ?

A T I S.

Non, vous ne me connoiſſez pas.
                              C

Je me défens d'aimer autant qu'il m'eſt poſſible ;
Si j'aimois, un jour par malheur,
Je connois bien mon cœur ,
Il feroit trop fenfible.

Mais il faut que chacun s'aſſemble près de vous,
Cibelle pourroit nous furprendre.

ATIS & IDAS enſemble.

Allons, allons, accourez tous ,
Cibelle va defcendre.

SCENE IV.

SANGARIDE, DORIS.

SANGARIDE.

ATis eſt trop heureux !

D O R I S.

L'amitié fut toûjours égale entre vous deux ,
Et le fang d'aſſez près vous lie :
Quel que foit fon bonheur, lui portez-vous envie ?
Vous, qu'aujourd'hui l'hymen avec fes plus beaux
noeuds
Doit unir au Roi de Phrigie ?

SANGARIDE

Atis est trop heureux !

Souverain de son cœur, maître de tous ses vœux,
Sans crainte, sans mélancolie,
Il jouit en repos des beaux jours de sa vie ;
Atis ne connoît point les tourmens amoureux :
Atis est trop heureux !

DORIS.

Quel mal vous fait l'Amour ? votre chagrin m'é-
tonne.

SANGARIDE.

Je te fie un secret qui n'est sçu de personne.
Je devrois aimer un Amant
Qui m'offre une Couronne ;
Mais, hélas ! vainement
Le Devoir me l'ordonne ;
L'Amour, pour mon tourment,
En ordonne autrement.

DORIS.

Aimeriez-vous Atis, lui dont l'indifference
Brave avec tant d'orgueil l'Amour & sa puissance ?

SANGARIDE.

J'aime Atis en secret, mon crime est sans témoins.
Pour vaincre mon amour, je mets tout en usage ,

J'appelle ma raison, j'anime mon courage;
        Mais à quoi servent tous mes soins !
        Mon cœur en souffre davantage ,
        Et n'en aime pas moins.

D O R I S.

C'est le commun défaut des Belles.

L'ardeur des conquêtes nouvelles
Fait négliger les cœurs qu'on a trop-tôt charmés,
Et les indifferens font quelquefois aimés
        Aux dépens des Amans fideles.
Mais vous vous exposez à des peines cruelles.

S A N G A R I D E.

Toujours aux yeux d'Atis je ferai sans appas;
Je le sçais, j'y consens, je veux, s'il est possible,
        Qu'il soit encor plus insensible;
S'il me pouvoit aimer, que deviendrois-je ? Hélas!
C'est mon plus grand bonheur qu'Atys ne m'aime
        pas.
Je prétens être heureuse , au moins en apparence;
Au destin d'un grand Roi je me vais attacher.

S A N G A R I D E & D O R I S.

Un amour malheureux dont le devoir s'offence,
        Se doit condamner au silence ;
Un amour malheureux qu'on nous peut reprocher,
        Ne sçauroit trop bien se cacher.

SCENE V.

ATIS, SANGARIDE, DORIS.

ATIS.

ON voit dans ces campagnes
Tous nos Phrigiens s'avancer.

DORIS.

Je vais prendre foin de preffer
Les Nymphes mes compagnes.

SCENE VI.

ATIS, SANGARIDE.

ATIS.

SAngaride, ce jour eft un grand jour pour vous.

SANGARIDE.

Nous ordonnons tous deux la Fête de Cibelle ,
L'honneur eft égal entre nous.

ATIS.

Ce jour même un grand Roi doit être votre époux ,
Je ne vous vis jamais fi contente & fi belle ;
Que le fort du Roi fera doux !

   A T I S,

SANGARIDE.

L'indifferent Atis n'en fera point jaloux.

A T I S.

Vivez tous deux contens, c'eſt ma plus chere envie;
J'ai preſſé votre hymen, j'ai ſervi vos amours:
Mais enfin ce grand jour, le plus beau de vos jours,
    Sera le dernier de ma vie.

SANGARIDE.

O Dieux !

A T I S.

    Ce n'eſt qu'à vous que je veux révéler
Le ſecret déſeſpoir où mon malheur me livre;
Je n'ai que trop ſçu feindre, il eſt tems de parler:
    Qui n'a plus qu'un moment à vivre,
    N'a plus rien à diſſimuler.

SANGARIDE.

    Je frémis, ma crainte eſt extrême ;
Atis, par quel malheur faut-il vous voir périr?

A T I S.

    Vous me condamnerez vous-même,
    Et vous me laiſſerez mourir.

SANGARIDE.

J'armerai, s'il le faut, tout le pouvoir ſuprême....

ATIS.

Non, rien ne me peut fecourir ;
Je meurs d'amour pour vous, je n'en fçaurois guérir.

SANGARIDE.

Quoy ? Vous !

ATIS.

Il eſt trop vrai,

SANGARIDE.

Vous m'aimez ?

ATIS.

Je vous aime,
Vous me condamnerez vous-même,
Et vous me laiſſerez mourir.

J'ai merité qu'on me puniſſe,
J'offenſe un rival généreux,
Qui par mille bienfaits a prévenu mes vœux ;
Mais je l'offenſe envain, vous lui rendez juſtice ;
Ah Que c'eſt un cruel ſupplice
D'avoüer qu'un rival eſt digne d'être heureux !
Prononcez mon arrêt, parlez ſans vous contraindre.

SANGARIDE.

Hélas !

ATIS.

Vous ſoupirez Je vois couler vos pleurs.
D'un malheureux amour plaignez-vous les douleurs?

SANGARIDE.

Atis , que vous feriez à plaindre,
Si vous fçaviez tous vos malheurs !

A T I S.

Si je vous perds, & fi je meurs,
Que puis-je encor avoir à craindre ?

SANGARIDE.

C'eſt peu de perdre en moi ce qui vous a charmé,
Vous me perdez, Atis, & vous êtes aimé.

A T I S.

Aimé ! Qu'entens-je ? O Ciel ! Quel aveu favorable !

SANGARIDE.

Vous en ferez plus miſerable.

A T I S.

Mon malheur en eſt plus affreux,
Le bonheur que je perds doit redoubler ma rage ;
Mais n'importe ; aimez-moi, s'il ſe peut, davantage
Quand j'en devrois mourir cent fois plus malheureux.

SANGARIDE.

Si vous cherchez la mort , il faut que je vous ſuive ;
Vivez, c'eſt mon amour qui vous en fait la loi.

ATIS

A T I S.

Hé comment ! hé pourquoi
Voulez-vous que je vive,
Si vous ne vivez pas pour moi.

E N S E M B L E.

Si l'Hymen uniſſoit mon deſtin & le vôtre,
     Que ſes nœuds auroient eu d'attraits !
     L'Amour fit nos cœurs l'un pour l'autre,
Faut-il que le devoir les ſépare à jamais.

A T I S.

     Devoir impitoyable !
     Ah ! quelle cruauté !

S A N G A R I D E.

On vient, feignez encor, craignez d'être écouté.

A T I S.

Aimons un bien plus durable
Que l'éclat de la beauté :
Rien n'eſt plus aimable
Que la liberté.

D

S C E N E V I I.

ATIS, SANGARIDE, DORIS, IDAS,
PHRYGIENS & PHRYGIENNES.

A T I S.

Mais déja de ce mont facré
Le fommet paroît éclairé
D'une fplendeur nouvelle.

SANGARIDE, s'avançant vers la Montagne.

La Déeffe defcend, allons au devant d'elle

ATIS & SANGARIDE.

Commençons, commençons
De célébrer ici fa Fête folemnelle,
Commençons, commençons
Nos jeux & nos chanfons.

CHŒUR, Commençons, &c.

ATIS & SANGARIDE.

Il eft tems que chacun faffe éclater fon zéle.
Venez, Reine des Dieux, venez,
Venez favorable Cibelle.

CHŒUR, Venez, &c

ATIS & SANGARIDE.

Venez voir les autels qui vous font deftinez.

ATIS, SANGARIDE, IDAS, DORIS,

et le Chœur.

Ecoutez un peuple fidele,
Qui vous appelle,
Venez, Reine des Dieux, venez,
Venez, favorable Cibelle.

On danfe.

SCENE VIII.

LA DÉESSE CIBELLE *paroît fur fon Char.*

CIBELLE.

Venez tous dans mon temple, & que chacun
        révére
Le Sacrificateur dont je vais faire choix :
        Je m'expliquerai par fa voix,
Les vœux qu'il m'offrira feront fûrs de me plaire :
Je reçois vos refpects, j'aime à voir les honneurs
Dont vous me préfentez un éclatant hommage ;
        Mais l'hommage des cœurs
        Eft-ce que j'aime davantage.

D i

Vous devez vous animer
D'une ardeur nouvelle :
S'il faut honorer Cibelle,
Il faut encor plus l'aimer.

*CIBELLE va se rendre dans son Temple, les Phrygiens
la suivent.*

C H Œ U R.

Nous devons nous animer, &c.

FIN DU PREMIER ACTE.

ACTE II.

Le théâtre repréſente le temple de CIBELLE.

SCENE PREMIERE.

CELÆNUS, ATIS, *Suite de* CELÆNUS,

CELÆNUS à ſa ſuite.

N'AVANCEZ pas plus loin : ne ſuivez point
mes pas ;   *à* ATIS.

Sortez. Toi ne me quitte pas.

Atis, il faut attendre ici que la Déeſſe
Nomme un grand Sacrificateur.

A T I S.

On choix ſera pour vous, Seigneur ; quelle triſteſſe
Semble avoir ſurpris votre cœur ?

A T I S,

CELÆNUS.

Les Rois les plus puiſſans connoiſſent l'importance
D'un ſi glorieux choix :

Qui pourra l'obtenir étendra ſa puiſſance
Par tout où de Cibelle on revere les loix.

A T I S.

Elle honore aujourd'hui ces lieux de ſa préſence,
C'eſt pour vous préferer aux plus puiſſans des Rois,

CELÆNUS.

Mais quand j'ai vû tantôt la Beauté qui m'enchante,
N'as-tu point remarqué comme elle étoit tremblante?

A T I S.

A nos jeux, à nos chants, j'étois trop appliqué,
Hors la Fête, Seigneur, je n'ai rien remarqué.

CELÆNUS.

Son trouble m'a ſurpris, elle t'ouvre ſon ame ;
N'y découvres-tu point quelque ſecrette flame?
Quelque rival caché ?

A T I S.

Seigneur, que dites-vous!

CELÆNUS.

Le ſeul nom de rival allume mon courroux.
J'ai bien peur que le Ciel n'ait pû voir ſans envie
Le bonheur de ma vie,

Et si j'étois aimé, mon sort seroit trop doux.
Ne t'étonnes-tu point de voir la jalousie
          Dont mon ame est saisie?
On ne peut bien aimer sans être un peu jaloux.

A T I S.

Seigneur, soyez content, que rien ne vous allarme :
L'Hymen va vous donner la beauté qui vous charme,
          Vous serez son heureux Epoux.

C E L Æ N U S.

Tu peux me rassurer, Atis, je te veux croire,
          C'est son cœur que je veux avoir ;
          Dis-moi s'il est en mon pouvoir ?

A T I S.

Son cœur suit avec soin le devoir & la gloire,
Et vous avez pour vous la gloire & le devoir.

C E L Æ N U S.

Ne me déguise point ce que tu peux connoître.
          Si j'ai ce que j'aime en ce jour,
          L'Hymen seul m'en rend-t'il le maître ?
La gloire & le devoir auront tout fait, peut-être,
Et ne laissent pour moi rien à faire à l'amour.

A T I S.

Vous aimez d'un amour trop délicat, trop tendre,
C E L Æ N U S.

L'indifferent Atis ne le sçauroit comprendre.

A T I S.

Qu'un indifferent eſt heureux !
Il jouit d'un deſtin paiſible ;
Le Ciel fait un préſent bien cher, bien dangereux ;
Lors qu'il donne un cœur trop ſenſible.

C E L Æ N U S.

Quand on aime bien tendrement
On ne ceſſe jamais de ſouffrir & de craindre ;
Dans le bonheur le plus charmant,
On eſt ingenieux à ſe faire un tourment,
Et l'on prend plaiſir à ſe plaindre.

Va, ſonge à mon hymen , & vois ſi tout eſt prêt,
Laiſſe-moi ſeul ici , la Déeſſe paroît.

SCENE II.

CIBELLE, CELÆNUS, MELISSE.

C I B E L L E.

JE veux joindre en ces lieux la gloire & l'abon-
     dance ,
D'un Sacrificateur je veux faire le choix,
Et le Roi de Phrygie auroit la préference ,
Si je voulois choiſir entre les plus grands Rois.

Le puiffant Dieu des flots vous donna la naiffance,
Un peuple renommé s'eft mis fous votre loi;
Vous avez fans mon choix, d'ailleurs trop de puif-
    fance :
Je veux faire un bonheur qui ne foit dû qu'à moi.
Vous eftimez Atis , & c'eft avec juftice :
Je prétens que mon choix à vos vœux foit propice ,
    C'eft Atis que je veux choifir.

C E L Æ N U S.

J'aime Atis, & je voi fa gloire avec plaifir.
    Je fuis Roi, Neptune eft mon pere ,
J'époufe une beauté qui va combler mes vœux :
    Le fouhait qui me refte à faire ,
C'eft de voir mon ami parfaitement heureux.

C I B E L L E.

Il m'eft doux que mon choix à vos defirs réponde ;
    Une grande Divinité
    Doit faire fa félicité
    Du bien de tout le monde ;
Mais, fur-tout, le bonheur d'un Roi cheri des Cieux,
    Fait le plus doux plaifir des Dieux.

C E L Æ N U S.

Le fang approche Atis de la Nymphe que j'aime ,
    Son merite l'égale aux Rois :
    Il foutiendra mieux que moi-même

La majefté fuprême
De vos divines loix.

Rien ne pourra troubler fon zèle,
Son cœur s'eft confervé libre jufqu'à ce jour;
Il faut tout un cœur pour Cibelle,
A peine tout le mien peut fuffire a l'amour.

C I B E L L E.

Portez à votre ami la premiere nouvelle
De l'honneur éclattant où ma faveur l'appelle.

S C E N E I I I.

C I B E L L E ET M E L I S S E.

C I B E L L E.

TU t'étonnes, Meliffe, & mon choix te fur-
prend?

M E L I S S E.

Atis vous doit beaucoup, & fon bonheur eft grand.

C I B E L L E.

J'ai fait encor pour lui plus que tu ne peux croire.

M E L I S S E.

Eft-il pour un mortel un rang plus glorieux?

CIBELLE.

Tu ne vois que sa moindre gloire ;
Ce mortel dans mon cœur est au-dessus des Dieux.
Ce fut au jour fatal de ma derniere Fête
Que de l'aimable Atis je devins la conquête :
Je partis à regret pour retourner aux cieux,
Tout m'y parut changé, rien ne plut à mes yeux.
        Je sens un plaisir extrême
        A revenir dans ces lieux ;
        Où peut-on jamais être mieux,
        Qu'aux lieux où l'on voit ce qu'on aime ?

MELISSE.

Tous les Dieux ont aimé, Cibelle aime à son tour.
        Vous méprisiez trop l'Amour,
        Son nom vous sembloit étrange,
        A la fin il vient un jour
        Où l'amour se venge.

CIBELLE.

J'ai cru me faire un cœur maître de tout son fort.
Un cœur toujours exemt de trouble & de tendresse.

MELISSE.

        Vous braviez à tort
        L'amour qui vous blesse ;
        Le cœur le plus fort
        A des momens de foiblesse.

Mais vous pouviez aimer & defcendre moins bas.

C I B E L L E.

Non, trop d'égalité rend l'amour fans appas.
    Quel plus haut rang ai-je à prétendre?
Et de quoi mon pouvoir ne vient-il point à bout?
    Quand on eft au-deffus de tout,
On fe fait pour aimer un plaifir de defcendre.

Je laiffe aux Dieux les biens dans le ciel préparés,
Pour Atis , pour fon cœur, je quitte tout fans peine,
S'il m'oblige à defcendre, un doux penchant m'en-
    traîne ;
Les cœurs que le deftin a le plus féparés,
Sont ceux qu'amour unit d'une plus forte chaîne.

Fais venir le Sommeil, que lui-même en ce jour,
    Prenne foin ici de conduire
    Les fonges qui lui font la cour;
    Atis ne fçait point mon amour,
Par un moyen nouveau je prétens l'en inftruire.

M E L I S E va exécuter les ordres de C I B E L L E.

C I B E L L E.

Que les plus doux Zéphirs, que les peuples divers
    Qui des deux bouts de l'Univers
    Sont venus me montrer leur zèle,
    Célébrent la gloire immortelle

Du Sacrificateur dont Cibelle a fait choix :
  Atis doit difpenfer mes loix ;
  Honorez le choix de Cibelle.

SCENE IV.

CIBELLE, ATIS, ZEPHIRS,
PEUPLES.

CHŒURS DE PEUPLES ET DE ZEPHIRS.

CÉlébrons la gloire immortelle
Du Sacrificateur dont Cibelle a fait choix :
  Atis doit difpenfer fes loix ;
  Honorons le choix de Cibelle.
       On danfe.

CHŒUR.

Que devant vous tout s'abaife & tout tremble ;
Vivez heureux, vos jours font notre efpoir :
  Rien n'eft fi beau que de voir enfemble,
Un grand merite avec un grand pouvoir.
    Que l'on beniffe
    Le Ciel propice,
    Qui dans vos mains
    Met le fort des humains.
       On danfe.

A T I S.

Indigne que je fuis des honneurs qu'on m'adreffe,
Je dois les recevoir au nom de la Déeffe ;
J'ofe, puifqu'il lui plaît, lui préfenter vos vœux :
　　　Pour le prix de votre zèle,
　　　Que la puiffante Cibelle
　　　Vous rende à jamais heureux.

C H Œ U R.

Que la puiffante Cibelle
Nous rende à jamais heureux.

Que devant vous, &c.

FIN DU SECOND ACTE.

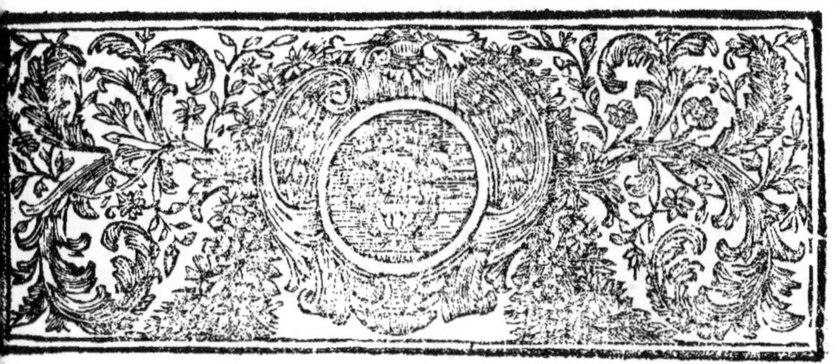

ACTE III.

Le théâtre repréſente le palais du grand Sacrificateur
de CIBELLE.

SCENE PREMIERE.

A T I S.

QUE ſervent les faveurs que nous fait la
fortune,
Quand l'Amour nous rend malheureux ?
Je perds l'unique bien qui peut combler mes vœux,
Et tout autre bien m'importune.

Que ſervent les faveurs que nous fait la fortune,
Quand l'Amour nous rend malheureux ?

S C E N E II.

IDAS, DORIS, ATIS.

I D A S.

PEut-on ici parler sans feindre ?

A T I S.

Je commande en ces lieux, vous n'y devez rien
craindre.

D O R I S.

Mon frere est votre ami.

I D A S.

      Fiez-vous à ma Sœur.

A T I S.

Vous devez avec moi partager mon bonheur.

IDAS ET DORIS.

Nous venons partager vos mortelles allarmes;
  Sangaride les yeux en larmes,
  Nous vient d'ouvrir son cœur.

A T I S.

L'heure aproche où l'hymen voudra qu'elle se livre
  Au pouvoir d'un heureux époux. IDAS.

IDAS et *DORIS.*

Elle ne peut vivre
Pour un autre que pour vous.

A T I S.

Qui peut la dégager du devoir qui la preffe ?

IDAS et *DORIS.*

Elle veut elle-même aux pieds de la Déeffe
Déclarer hautement vos fecrettes amours.

A T I S.

Cibelle pour moi s'intereffe ,
J'ofe tout efperer de fon divin fecours....
Mais quoi , trahir le Roi ! tromper fon efperance !
De tant de biens reçus, eft-ce la récompenfe ?

IDAS et *DORIS.*

Dans l'empire amoureux
Le devoir n'a point de puiffance ;
L'Amour difpenfe
Les rivaux d'être généreux :
Il faut fouvent pour devenir heureux ,
Qu'il en coûte un peu d'innocence.

A T I S.

Je fouhaite , je crains , je veux , je me repens.

IDAS et *DORIS.*

Verrez-vous un Rival heureux à vos dépens ?

F

A T I S.

Je ne puis me réfoudre à cette violence.

A T I S , I D A S ET *D O R I S.*

Envain , un cœur incertain de fon choix,
　　Met en balance mille fois
　　L'Amour & la reconnoiffance,
　　L'Amour toujours emporte la balance.

A T I S.

Le plus jufte parti céde enfin au plus fort.
　　Allez, prenez foin de mon fort,
Que Sangaride ici fe rende en diligence.

S C E N E   I I I.

A T I S.

Nous pouvons nous flater de l'efpoir le plus
　　doux ,
　　Cibelle & l'Amour font pour nous ;
Mais du devoir trahi j'entens la voix preffante
　　Qui m'accufe & qui m'épouvante.

Laiffe mon cœur en paix, impuiffante Vertu,
　　N'ai-je point affez combattu ?
Quand l'Amour , malgré toi, me contraint à me
　　rendre ,

Que me demandes-tu ?
Puifque tu ne peux me deffendre,
Que me fert-il d'entendre
Les vains reproches que tu fais ?
Impuiffante vertu ; laiffe mon cœur en paix.

Mais le Sommeil vient me furprendre,
Je combats vainement fa charmante douceur,
Il faut laiffer fufpendre
Les troubles de mon cœur.

ATIS s'endort.

SCENE IV.

Le théâtre fe change en un lieu rempli de nuages & de pavots, où Morphée vient fe rendre, accompagné des Songes agréables & funeftes.

ATIS *endormi,* MORPHÉE, PHOBETOR, PHANTAZE. *Les* SONGES *agréables, les* SONGES *funeftes.*

MORPHÉE.

Dormons, dormons-tous ;
Ah que le repos eft doux !
Regnez, divin Sommeil, regnez fur tout le monde,

Répandez vos pavots les plus affoupiffans ;
    Calmez les foins ; charmez les fens,
Retenez tous les cœurs dans une paix profonde.

P H O B E T O R.

Ne vous faites point violence ,
   Coulez, murmurez, clairs ruiffeaux,
   Il n'eft permis qu'au bruit des eaux
De troubler la douceur d'un fi charmant filence.

MORPHÉE , PHOBETOR ET PHANTAZE,

   Dormons , dormons tous ;
    Ah que le repos eft doux !

M O R P H É E.

Ecoute , écoute Atis, la gloire qui t'appelle ,
Sois fenfible à l'honneur d'être aimé de Cibelle,
   Joüis , heureux Atis, de ta felicité.

TOUS TROIS
          { Mais fouviens-toi que la Beauté,
              Quand elle eft immortelle,
ENSEMBLE.
          { Demande la fidelité
              D'une amour éternelle.

P HA N T A Z E.

   Que l'amour a d'attraits
    Lorfqu'il commence
  A faire fentir fa puiffance !
   Que l'Amour a d'attraits
    Lorfqu'il commence
Pour ne finir jamais.

Les Songes agréables approchent d'A T I S,
& l'environnent en danfant.

P H O B E T O R.

Goûte en paix chaque jour une douceur nouvelle,
Partage l'heureux fort d'une Divinité;
      Ne vante plus la liberté,
Il n'en eft point du prix d'une chaîne fi belle.

Tous trois   { Mais fouviens-toi que la beauté,
          {   Quand elle eft immortelle,
ensemble. { Demande la fidelité
          {   D'une amour éternelle.

P H A N T A Z E.

Trop heureux un Amant
     Qu'Amour exemte
Des peines d'une longue attente,
Trop heureux un Amant
     Qu'Amour exemte
De crainte & de tourment!

Les Songes agréables continuent leurs danfes, elles font
interrompues par les Songes funeftes qui menacent
A T I S de la vengeance de Cibelle, s'il méprife fon
amour.

UN SONGE FUNESTE.

Garde-toi d'offenfer un amour glorieux,
C'eft pour toi que Cibelle abandonne les cieux!

Ne trahis point fon efperance.
Il n'eft point pour les Dieux de mépris innocent,
Ils font jaloux des cœurs, ils aiment la vengeance:
Il eft dangereux qu'on offenfe
Un amour tout-puiffant.

Danfe des Songes funeftes.

CHŒUR DES SONGES FUNESTES.

L'amour qu'on outrage
Se tranforme en rage,
Et ne pardonne pas
Aux plus charmans appas.
Si tu n'aimes point Cibelle
D'une amour fidelle,
Malheureux, que tu fouffriras !
Tu périras :
Crains une vengeance cruelle;
Tremble, crains un affreux trépas.

Ils continuent de danfer.

*A*TIS *épouvanté par les Songes funeftes, fe réveille;*
le Sommeil & les Songes difparoiffent, en même-
tems les nuages fe diffipent & laiffent reparoître le
*même palais où A*TIS *s'étoit endormi.*

SCENE V.

ATIS, CIBELLE, MELISSE.

ATIS.

Venez à mon secours . ô Dieux ! ô justes Dieux !

CIBELLE.

Atis ne craignez rien, Cibelle est en ces lieux.

ATIS.

Pardonnez au désordre où mon cœur s'abandonne :
C'est un songe…

CIBELLE.

Parlez , quel songe vous étonne ?
Expliquez-moi votre embarras.

ATIS.

Les songes sont trompeurs, & je ne les crois pas,
    Les plaisirs & les peines
    Dont en dormant on est séduit,
    Sont des chimeres vaines
    Que le réveil détruit.

CIBELLE.

    Ne méprisez pas tant les songes ,
    L'Amour peut emprunter leur voix ,
    S'ils sont souvent des mensonges,
    Ils disent vrai quelquefois.

Ils parloient par mon ordre, & vous les devez croire

A T I S.

O Ciel !

C I B E L L E.

N'en doutez point, connoissez votre gloire,
Répondez avec liberté.
Je vous demande un cœur qui dépend de lui-même.

A T I S.

Une grande Divinité
Doit s'assurer toujours de mon respect extrême.

C I B E L L E.

Les Dieux dans leur grandeur suprême
Reçoivent tant d'honneurs qu'ils en sont rebutés;
Ils se lassent souvent d'être trop respectés,
Ils sont plus contens qu'on les aime.

S C E N E   VI.

SANGARIDE, CIBELLE, ATIS, MELISSE.

A T I S.

JE sçai trop ce que je vous dois,
Pour manquer de reconnoissance....

SANGARIDE se jettant aux pieds de CIBELLE.

J'ai recours à votre puissance,
Reine des Dieux, protegez-moi.

L'intérêt

L'interêt d'Atis vous en preffe....

ATIS, *interrompant* SANGARIDE.

Je parlerai pour vous, que votre crainte ceffe.

SANGARIDE.

Tous deux unis des plus beaux nœuds....

ATIS, *interrompant* SANGARIDE.

Le fang & l'amitié nous uniffent tous deux.
Que votre fecours la délivre
Des loix d'un hymen rigoureux,
Ce font les plus doux de fes vœux.
De pouvoir à jamais vous fervir & vous fuivre.

CIBELLE.

Les Dieux font les protecteurs
De la liberté des cœurs ;

ATIS ET SANGARIDE.

Les Dieux font les protecteurs
De la liberté des cœurs.

CIBELLE.

Allez, ne craignez point le Roi ni fa colere,
J'aurai foin d'appaifer
Le fleuve Sangar votre pere ;
Atis veut vous favorifer,
Cibelle en fa faveur ne peut rien refufer.

ATIS.

Ah ! C'en eft trop....

CIBELLE.

Non, non, il n'eſt pas neceſſaire
Que vous cachiez votre bonheur,
Je ne prétends point faire
Un vain miſtere
D'un amour qui vous fait honneur.
Ce n'eſt point à Cibelle à craindre d'en trop dire.
Il eſt vrai, j'aime Atis, pour lui j'ai tout quitté,
Sans lui je ne veux point de grandeur ni d'empire;
Pour ma felicité
Son cœur ſeul peut ſuffire.
Allez, Atis lui-même ira vous garantir
De la fatale violence
Où vous ne pouvez conſentir.

SANGARIDE *fort.*   *à* ATIS.

Laiſſez-nous. Attendez mes ordres pour partir.
Je prétends vous armer de ma toute-puiſſance.

SCENE VII.

CIBELLE, MELISSE.

CIBELLE.

QU'Atis dans ſes reſpects mêle d'indifference!
L'ingrat Atis ne m'aime pas;
L'Amour veut de l'amour, tout autre prix l'offenſe,

Et souvent le respect & la reconnoissance
        Sont l'excuse des cœurs ingrats.

MELISSE.

    Ce n'est pas un si grand crime
    De ne s'exprimer pas bien.
    Un cœur qui n'aima jamais rien
    Sçait peu comment l'amour s'exprime.

CIBELLE.

Sangaride est aimable, Atis peut tout charmer,
        Ils témoignent trop s'estimer,
Et de simples parens font moins d'intelligence:
        Ils se font aimés dès l'enfance,
        Ils pourroient enfin trop s'aimer.
Je crains une amitié que tant d'ardeur anime.
        Rien n'est si trompeur que l'estime :
            C'est un nom supposé,
Qu'on donne quelquefois à l'amour déguisé.
Je prétends m'éclaircir, leur feinte sera vaine.

MELISSE.

Quels secrets par les Dieux ne font point penetrés ?
        Deux cœurs à feindre préparés
            Ont beau cacher leur chaîne ;
            On abuse avec peine
        Les Dieux par l'amour éclairés.
                            G ij

CIBELLE.

Va, Melisse, donne ordre à l'aimable Zéphire
D'accomplir promptement tout ce qu'Atis désire

SCENE VIII.

CIBELLE.

ESpoir, si cher & si doux,
   Ah ! Pourquoi me trompez-vous
Des suprêmes grandeurs vous m'avez fait descendre,
Mille cœurs m'adoroient, je les néglige tous,
Je n'en demande qu'un, il a peine à se rendre ;
Je ne sens que chagrins, & que soupçons jaloux ;
Est-ce le fort charmant que je devois attendre !

     Espoir, &c.

Hélas ! Par tant d'attraits falloit-il me surprendre !
Heureuse, si toujours j'avois pû m'en deffendre !
L'Amour qui me flattoit me cachoit son courroux :
C'est donc pour me frapper des plus funestes coups,
Que le cruel Amour m'a fait un cœur si tendre ?

     Espoir, si cher & si doux,
     Ah ! Pourquoi me trompez-vous ?

FIN DU TROISIÉME ACTE.

ACTE IV.

Le théâtre repréfente le palais du fleuve SANGAR.

SCENE PREMIERE.

SANGARIDE, DORIS, IDAS.

DORIS.

UOY! Vous pleurez ?

IDAS.

D'où vient votre peine nouvelle ?

DORIS.

N'ofez-vous découvrir votre amour à Cibelle ?

SANGARIDE.

Hélas !

DORIS ET IDAS.

Qui peut encor redoubler vos ennuis ?

S A N G A R I D E.

Hélas ! J'aime.... Hélas ! J'aime....

D O R I S et I D A S.

Achevez.

S A N G A R I D E.

Je ne puis.

D O R I S et I D A S.

L'Amour n'eſt gueres heureux lorſqu'il eſt trop timide.

S A N G A R I D E.

Hélas ! J'aime un perfide
Qui trahit mon amour ;

La Déeſſe aime Atis, il change en moins d'un jour,
Atis comblé d'honneurs n'aime plus Sangaride.

Hélas ! j'aime , &c.

D O R I S et I D A S.

Il nous montroit tantôt un peu d'incertitude ;
Mais qui l'eût ſoupçonné de tant d'ingratitude ?

S A N G A R I D E.

J'embaraſſois Atis , je l'ai vû ſe troubler :
Je croyois devoir reveler
Notre amour à Cibelle ;
Mais l'ingrat , l'infidelle ,
M'empêchoit toujours de parler.

DORIS et *IDAS.*

Peut-on changer fi-tôt quand l'amour eft extrême?
Gardez-vous, gardez-vous
De trop croire un tranfport jaloux.

SANGARIDE.

Cibelle hautement déclare qu'elle l'aime,
Et l'ingrat n'a trouvé cet honneur que trop doux;
Il change en un moment, je veux changer de même,
J'accepterai fans peine un glorieux époux,
Je ne veux plus aimer que la grandeur fuprême.

DORIS et *IDAS.*

Peut-on changer fi-tôt quand l'amour eft extrême?
Gardez-vous, gardez-vous
De trop croire un tranfport jaloux.

SANGARIDE.

Trop heureux un cœur qui peut croire
Un dépit qui fert à fa gloire.

Revenez ma raifon, revenez pour jamais,
Joignez-vous au dépit pour étouffer ma flâme.
Réparez, s'il fe peut, les maux qu'Amour m'a faits.
Venez rétablir dans mon ame
Les douceurs d'une heureufe paix;
Revenez ma raifon, revenez pour jamais.

IDAS et *DORIS.*

Une infidelité cruelle

N'efface point tous les appas
D'un infidelle,

Et la raifon ne revient pas
Si-tôt qu'on la rappelle.

SANGARIDE.

Après cette trahifon,
Si la raifon ne m'éclaire,
Le dépit & la colere
Me tiendront lieu de raifon.

SANGARIDE, DORIS ET *IDAS.*

Qu'une premiere amour eſt belle !
Qu'on a peine à s'en dégager !
Que l'on doit plaindre un cœur fidelle,
Lorſqu'il eſt forcé de changer.

SCENE II.

CELÆNUS, SANGARIDE, IDAS.
DORIS, Suivans de CELÆNUS.

CELÆNUS.

BElle Nymphe, l'himen va fuivre mon envie,
 L'Amour avec moi vous convie
A venir vous placer fur un trône éclatant,
J'approche avec tranfport du favorable inftant,
D'où dépend la douceur du refte de ma vie ;
Mais malgré les appas du bonheur qui m'attend,
Malgré tous les tranfports de mon ame amoureufe,
 Si je ne puis vous rendre heureufe,
 Je ne ferai jamais content.
 Je fais mon bonheur de vous plaire,
J'attache à votre cœur mes défirs les plus doux.

SANGARIDE.

Seigneur, j'obéirai, je dépens de mon pere,
Et mon pere aujourd'hui veut que je fois à vous.

CELÆNUS.

Regardez mon amour plutôt que ma couronne.

SANGARIDE.

Ce n'eft point la grandeur qui me peut éblouïr.

H

A T I S,

CELÆNUS.

Ne sçauriez vous m'aimer sans que l'on vous l'ordonne ?

SANGARIDE.

Seigneur, contentez-vous que je sçache obéir,
En l'état où je suis, c'est ce que je puis dire....

SANGARIDE apperçoit Atis.

SCENE III.

ATIS, CELÆNUS, SANGARIDE.
Suivans de CELÆNUS.

CELÆNUS.

Votre cœur se trouble, il soupire.

SANGARIDE.

Expliquez en votre faveur
Tout ce que vous voyez de trouble dans mon cœur.

CELÆNUS.

Rien ne m'allarme plus ; Atis, ma crainte est vaine,
Mon amour a touché le cœur de la beauté
Dont je suis enchanté :
Toi qui fus témoin de ma peine,
Cher Atis, sois témoin de ma félicité.
Peux-tu la concevoir ? Non, il faut que l'on aime,

Pour juger des douceurs de mon bonheur extrême :
   Mais, près de voir combler mes vœux,
Que les momens font longs pour mon cœur amou-
   reux !
Vos parens tardent trop, je veux aller moi-même
   Les preſſer de me rendre heureux.

SCENE IV.

ATIS, SANGARIDE.

A T I S.

Qu'il ſçait peu ſon malheur, & qu'il eſt déplo-
   rable !
Son amour méritoit un ſort plus favorable :
J'ai pitié de l'erreur dont ſon cœur s'eſt flatté.

SANGARIDE.

Epargnez-vous le ſoin d'être ſi pitoyable,
Son amour obtiendra ce qu'il a merité.

A T I S.

Dieux ! Qu'eſt-ce que j'entens ?

SANGARIDE.

          Qu'il faut que je me venge.

Que j'aime enfin le Roi, qu'il fera mon époux.

A T I S.

Sangaride , eh d'où vient ce changement étrange ?

S A N G A R I D E.

N'eſt-ce pas vous, Ingrat, qui voulez que je change?

A T I S.

Moi !

S A N G A R I D E.

Quelle trahiſon !

A T I S.

Quel funeſte courroux !

E N S E M B L E.

Pourquoi m'abandonner pour une amour nouvelle!
Ce n'eſt pas moi qui rompt une chaîne ſi belle.

A T I S.

Beauté trop cruelle, c'eſt vous.

S A N G A R I D E.

Amant infidelle, c'eſt vous.

A T I S.

Ah ! C'eſt vous, Beauté trop cruelle.

SANGARIDE.

Ah ! C'eſt vous, Amant infidelle.

Atis. ⎧ Beauté trop cruelle, c'eſt vous
Sang. ⎨ Amant infidelle, c'eſt vous.
Ensemble. ⎩ Qui rompez des liens ſi doux.

SANGARIDE.

Vous m'avez immolée à l'amour de Cibelle.

ATIS.

Il eſt vrai qu'à ſes yeux, par un ſecret effroi,
J'ai voulu de nos cœurs cacher l'intelligence ;
Mais, ce n'eſt que pour vous que j'ai craint ſa ven-
   geance ,
     Et je ne la crains pas pour moi.
Cibelle m'aime en vain, & c'eſt vous que j'adore.

SANGARIDE.

   Après votre infidelité
   Auriez-vous bien la cruauté
   De me vouloir tromper encore ?

ATIS.

Moi, vous trahir ! Vous le penſez ?
Ingratte , que vous m'offenſez !

Hé bien il ne faut plus rien taire,

Je vais de la Déeſſe attirer la colere,

M'offrir à ſa fureur, puiſque vous m'y forcez...

SANGARIDE.

Ah ! Demeurez, Atis, mes ſoupçons ſont paſſez:

Vous m'aimez, je le crois , j'en veux être certaine,

Je le ſouhaite aſſez

Pour le croire ſans peine.

ENSEMBLE.

Atis. ⎧ Je jure.

Sang. ⎨   Je promets.

⎩ De ne changer jamais.

SANGARIDE.

Quel tourment de cacher une ſi belle flâme!

A T I S.

Redoublons-en l'ardeur dans le fond de notre ame.

ENSEMBLE.

Aimons en ſecret, aimons-nous,

Aimons plus que jamais, en dépit des jaloux.

SANGARIDE.

Mon pere vient ici.

A T I S.

Que rien ne vous étonne ;
Servons-nous du pouvoir que Cibelle me donne,
Je vais préparer les Zéphirs
A ſuivre nos déſirs.

S C E N E V.

SANGARIDE, CÉLÆNUS, LE FLEUVE SANGAR, FLEUVES, RUISSEAUX ET NAYADES.

LE FLEUVE SANGAR.

O Vous qui prenez part au bien de ma famille,
Vous vénérables Dieux des fleuves les plus grands,
Mes fideles amis, & mes plus chers parens,
Voyez quel eſt l'époux que je donne à ma fille :
J'ai pris ſoin de choiſir entre les plus grands Rois.

C H Œ U R.

Nous approuvons votre choix.

LE FLEUVE SANGAR.

Il a Neptune pour ſon pere ,
Les Phrygiens ſuivent ſes loix :
J'ai cru ne pouvoir faire
Un choix plus digne de vous plaire.

C H Œ U R.

Tous d'une commune voix,
Nous approuvons votre choix.

LE FLEUVE SANGAR ET LE CHŒUR.

Que l'on chante, que l'on danse,
Rions tous lorsqu'il le faut;
Ce n'est jamais trop-tôt
Que le plaisir commence.
On trouve bien-tôt la fin
Des jours de réjouissance;
On a beau chasser le chagrin,
Il revient plûtôt qu'on ne pense.

On danse.

C H Œ U R.

La beauté la plus févere,
Prend pitié d'un long tourment;
Et l'Amant qui persevere,
Devient un heureux Amant:
Tout est doux, & rien ne coûte
Pour un cœur qu'on veut toucher:
L'onde se fait une route
En s'efforçant d'en chercher;
L'eau qui tombe goute à goute,
Perce le plus dur rocher. *On danse.*

CHŒUR,

CHŒUR.

L'Hymen seul ne sçauroit plaire ;

Il a beau flater nos vœux ;

L'Amour seul a droit de faire

Les plus doux de tous les nœuds :

Il est fier, il est rebelle,

Mais il charme tel qu'il est ;

L'Hymen vient quand on l'appelle,

L'Amour vient quand il lui plaît.

On danse.

UN FLEUVE.

D'une constance extrême

Un ruisseau suit son cours ;

Il en fera de même

Du choix de mes amours :

Et du moment que j'aime,

C'est pour aimer toujours.

On danse.

I

C H Œ U R.

Un grand calme eſt trop fâcheux,
Nous aimons mieux la tourmente,
Que ſert un cœur qui s'exemte,
De tous les ſoins amoureux ?
A quoi ſert une eau dormante ?
Un grand calme eſt trop fâcheux,
Nous aimons mieux la tourmente.

On danſe.

SCENE V.

ATIS, SANGARIDE, CELÆNUS,
LE FLEUVE SANGAR,
FLEUVES, RUISSEAUX,
ET NAYADES.

C H Œ U R.

Venez former des nœuds charmans,
Atis, venez unir ces bien-heureux Amans.

A T I S.

Cet hymen déplaît à Cibelle,
Elle deffend de l'achever :

Sangaride eſt un bien qu'il faut lui reſerver,
Et que je demande pour elle.

C H Œ U R.

Ah quelle loi cruelle !

C E L Æ N U S.

Atis peut s'engager lui-même à me trahir ?
Atis contre moi s'intereſſe ?

A T I S.

Seigneur, je ſuis à la Déeſſe,
Dès qu'elle a commandé, je ne puis qu'obéir.

L E F L E U V E S A N G A R.

Pourquoi faut-il qu'elle ſépare
Deux illuſtres Amans pour qui l'Hymen prépare
Ses liens les plus doux ?

C H Œ U R.

Oppoſons-nous
A ce deſſein barbare.

A T I S.

Apprenez, audacieux,
Qu'il n'eſt rien qui n'obéiſſe
Aux ſouveraines loix de la Reine des Dieux.

Aux Z É P H I R S.

Qu'on nous enleve de ces lieux.
Zéphirs, que sans tarder mon ordre s'accomplisse?
Les Zéphirs enlevent A T I S & S A N G A R I D E.

C H Œ U R.

Quelle injustice !

FIN DU QUATRIEME ACTE.

ACTE V.

Le théâtre repréſente des jardins agréables.

SCENE PREMIERE.

CELÆNUS, CIBELLE, MELISSE.

CELÆNUS,

VOUS m'ôtez Sangaride, inhumaine Cí-
belle ;
 Eſt-ce le prix du zele
Que j'ai fait avec ſoin éclater à vos yeux ?
Préparez-vous ainſi la douceur éternelle
 Dont vous devez combler ces lieux ?
Eſt-ce ainſi que les Rois ſont protegez des Dieux ?
  Divinité cruelle,
 Deſcendez-vous exprès des cieux
 Pour troubler un amour fidelle,
Et pour venir m'ôter ce que j'aime le mieux ?

CIBELLE.

J'aimois Atis, l'Amour a fait mon injustice.
Il a pris soin de mon supplice ;
Et si vous êtes outragé,
Bien-tôt vous serez trop vengé.
Atis adore Sangaride.

CELÆNUS.

Atis l'adore ? Ah le perfide !

CIBELLE.

L'Ingrat vous trahissoit, & vouloit me trahir :
Il s'est trompé lui-même, en voulant m'éblouir.
Les Zéphirs l'ont laissé seul avec ce qu'il aime,
Dans ces aimables lieux ;
Je m'y suis cachée à leurs yeux :
Je viens d'être témoin de leur amour extrême.

CELÆNUS.

O Ciel ! Atis plairoit aux yeux qui m'ont charmé ?

CIBELLE.

Eh ! Pouvez-vous douter qu'Atis ne soit aimé ?
Non, non, jamais amour n'eut tant de violence,
Ils ont juré cent fois de s'aimer malgré nous,
Et de braver notre vengeance ;
Ils nous ont appellés cruels, tirans, jaloux ;
Enfin leurs cœurs d'intelligence,

Tous deux... Ah je frémis au moment que j'y penfe !
Tous deux s'abandonnoient à des tranfports fi doux,
Que je n'ai pû garder plus long-tems le filence ,
Ni retenir l'éclat de mon jufte courroux.

CELÆNUS.

La mort eft pour leur crime une peine legere.

CIBELLE.

Mon cœur à les punir eft affez engagé ;
Je vous l'ai déja dit, croyez-en ma colere ,
   Bien-tôt vous ferez trop vengé.

SCENE II.

ATIS, SANGARIDE, CIBELLE, CELÆNUS, MELISSE.

CIBELLE ET CELÆNUS.

Venez vous livrer au fupplice.

ATIS ET SANGARIDE.

Quoi ! La terre & le ciel contre nous font armez ?
   Souffrirez-vous qu'on nous puniffe ?

CIBELLE ET CÆLENUS.

Oubliez-vous votre injuftice !

ATIS ET SANGARIDE.

Ne vous fouvient-il plus de nous avoir aimez ?

CIBELLE ET CELÆNUS.

Vous changez mon amour en haine légitime.

ATIS ET SANGARIDE.

Pouvez-vous condamner
   L'amour qui nous anime ?

Si c'eſt un crime ,
Quel crime eſt plus à pardonner?

CIBELLE ᴇᴛ *CELÆNUS.*

Perfide , deviez-vous me taire ,
Que c'étoit vainement que je voulois vous plaire?

ATIS ᴇᴛ *SANGARIDE.*

Ne pouvant ſuivre vos déſirs ;
Nous croyions ne pouvoir mieux faire
Que de vous épargner de mortels déplaiſirs.

CIBELLE.

D'un ſupplice cruel craignez l'horreur extrême.

CIBELLE ᴇᴛ *CELÆNUS.*

Craignez un funeſte trépas.

SANGARIDE ᴇᴛ *ATIS.*

Vengez-vous s'il le faut , ne me pardonnez pas;
Mais pardonnez à ce que j'aime.

CIBELLE ᴇᴛ *CELÆNUS.*

C'eſt peu de nous trahir , vous nous bravez, Ingrats.

ATIS ᴇᴛ *SANGARIDE.*

Serez-vous ſans pitié ?

CIBELLE ᴇᴛ *CELÆNUS.*

Perdez toute eſperance.

ATIS ᴇᴛ *SANGARIDE.*

L'amour nous a forcés à vous faire une offenſe.
Il demande grace pour nous.

CIBELLE ᴇᴛ *CELÆNUS.*

L'amour en courroux
Demande vengeance.

CIBELLE

C I B E L L E.

Toi qui porte par-tout & la rage & l'horreur,
Cesse de tourmenter les criminelles ombres,
Vien, cruelle Alecton, sors des royaumes sombres,
Inspire au cœur d'Atis ta barbare fureur.

S C E N E III.

ATIS, SANGARIDE, CIBELLE, CELÆNUS, MELISSE, IDAS, DORIS, Chœur de Phrigiens.

ALECTON sort des enfers, tenant à la main un flambeau qu'elle secoüe sur la tête d'Atis.

A T I S.

Ciel ! Quelle vapeur m'environne !
Tous mes sens sont troublés, je frémis, je frissonne ;
Je tremble, & tout à coup, une infernale ardeur
Vient enflâmer mon sang, & devorer mon cœur.
Dieux ! Que vois-je ? Le ciel s'arme contre la terre !
Quel desordre ! Quel bruit, quel éclat de tonnerre !
Quels abîmes profonds sous mes pas sont ouverts !
Que de phantômes vains sont sortis des enfers !

Il parle à Cibelle qu'il prend pour Sangaride.

Sangaride, ah ! Fuyez la mort que vous prépare
          Une Divinité barbare.
C'est votre seul péril qui cause ma terreur.

K

SANGARIDE.

Atis, reconnoiffez votre funefte erreur.

ATIS prenant SANGARIDE pour un monftre.

Quel monftre vient à nous ? Quelle fureur le guide?
Ah ! Refpecte, cruel, l'aimable Sangaride.

SANGARIDE.

Atis, mon cher Atis.

A T I S.

Quels hurlemens affreux!

CELÆNUS *à* SANGARIDE.

Fuyez, fauvez-vous de fa rage

*ATIS, tenant à la main le couteau facré
qui fert aux facrifices.*

Il faut combattre ; amour feconde mon courage.

ATIS pourfuit SANGARIDE.

CELÆNUS & le CHŒUR.

Arrête, arrête malheureux.

ATIS frappe SANGARIDE du couteau facré.

SANGARIDE.

Atis !

LE CHŒUR.

O Ciel !

*SANGARIDE expirante dans un des
côtés du théâtre.* Je meurs.

LE CHŒUR.

Atis, Atis lui-même
Fait périr ce qu'il aime.

C E L Æ N U S, revenant sur le théâtre.

Je n'ai pu retenir ses efforts furieux,
Sangaride expire à vos yeux.
C I B E L L E.

Atis me sacrifie une indigne rivale.
Partagez avec moi la douceur sans égale,
Que l'on goûte en vengeant un amour outragé :
Je vous l'avois promis
C E L Æ N U S.

O promesse fatale !
Sangaride n'est plus, & je suis trop vengé.

S C E N E IV.

ATIS, CIBELLE, MELISSE, IDAS,
CHŒUR DE PHRIGIENS.

A T I S.

QUe je viens d'immoler une grande victime !
Sangaride est sauvée, & c'est par ma valeur.
C I B E L L E, touchant A T I S.

Acheve ma vengeance, Atis, connois ton crime,
Et reprend ta raison, pour sentir ton malheur.
A T I S.

Un calme heureux succéde aux troubles de mon
cœur.

Sangaride, Nimphe charmante,
Qu'êtes-vous devenue, où puis-je avoir recours?
Divinité toute-puissante,
Cibelle, ayez pitié de nos tendres amours;
Rendez-moi Sangaride, épargnez ses beaux jours.

CIBELLE lui montrant SANGARIDE morte.
Tu la peux voir, regarde…

A T I S.
Ah! Quelle barbarie!
Sangaride a perdu la vie!
Ah! Quelle main cruelle! Ah Quel cœur inhumain!

C I B E L L E.
Les coups dont elle meurt sont de ta propre main.

A T I S.
Moi! J'aurois immolé la beauté qui m'enchante!
O Ciel! Ma main sanglante
Est de ce crime horrible un témoin trop certain!

C H Œ U R.
Atis lui-même,
Fait périr ce qu'il aime.

A T I S.
Quoi! Sangaride est morte! Atis est son bourreau!
Quelle vengeance. O Dieux! Quel suplice nouveau!
Quelles horreurs sont comparables
Aux horreurs que je sens.
Dieux cruels, Dieux impitoyables,

N'êtes-vous tout-puiffans,
Que pour faire des miferables?

C I B E L L E.

Atis, je vous ai trop aimé :
Cet amour par vous-même en courroux transformé
Fait voir encor fa violence :
Jugez, ingrat, jugez en ce funefte jour,
De la grandeur de mon amour
Par la grandeur de ma vengeance.

A T I S.

Barbare, quel amour qui prend foin d'inventer
Les plus horribles maux que la rage peut faire !
Bienheureux qui peut éviter
Le malheur de vous plaire.
O Dieux ! Injuftes Dieux, que n'êtes-vous mortels !
Faut-il que pour vous feuls vous gardiez la ven-
geance ?
C'eft trop fouffrir leur cruelle puiffance,
Chaffons-les d'ici-bas, renverfons leurs autels.
Quoi ! Sangaride eft morte : Atis, Atis lui-même,
Fait périr ce qu'il aime !

L E C H Œ U R.

Atis, Atis lui-même,
Fait perir ce qu'il aime.

C I B E L L E, ordonnant d'emporter
S A N G A R I D E morte.

Otez ce triste objet.

A T I S.

Ah ! Ne m'arrachez pas
Ce qui reste de tant d'appas :
En fussiez-vous jalouse encore,
Il faut que je l'adore
Jusques dans l'horreur du trépas.

SCENE V.

C I B E L L E, M E L I S S E.

C I B E L L E.

JE commence à trouver sa peine trop cruelle :
Une tendre pitié rapelle
L'amour que mon courroux croyoit avoir banni,
Ma rivale n'est plus, Atis n'est plus coupable :
Qu'il aisé d'aimer un criminel aimable.
Après l'avoir puni.

Que son désespoir m'épouvante !
Ses jours sont en péril, & j'en frémis d'effroi :
Je veux d'un soin si cher ne me fier qu'à moi.
Allons... Mais quel spectacle à mes yeux se présente?
C'est Atis mourant que je voi.

SCENE VI· ET DERNIERE·

ATIS, IDAS, CIBELLE, MELISSE,

IDAS, soutenant ATIS.

IL s'eſt percé le ſein , & mes ſoins pour ſa vie
N'ont pû prévenir ſa fureur.

CIBELLE.

Ah ! C'eſt ma barbarie ;
C'eſt moi, qui lui perce le cœur !

ATIS.

Je meurs, l'amour me guide
Dans la nuit du trépas ;
Je vais où ſera Sangaride,
Inhumaine, je vais où vous ne ſerez pas.

CIBELLE.

Atis, il eſt trop vrai, ma rigueur eſt extrême,
Plaignez-vous, je veux tout ſouffrir,
Pourquoi ſuis-je immortelle en vous voyant périr ?

ATIS ET *CIBELLE.*

Il eſt doux de mourir
Avec ce que l'on aime.

CIBELLE.

Que mon amour funeſte armé contre moi-même,
Ne peut-il vous venger de toutes mes rigueurs !

ATIS.

Je ſuis aſſez vengé, vous m'aimez, & je meurs.

CIBELLE.

Malgré le deſtin implacable

Qui rend de ton trépas l'arrêt irrévocable,
Atis, fois à jamais l'objet de mes amours ;
Reprens un fort nouveau, deviens un arbre aimable,
Que Cibelle aimera toujours.

ATIS *est transformé* *en un* *arbre appellé* *Pin.*

CIBELLE.

Que cet arbre facré
Soit réveré
De toute la Nature.

Qu'il s'éleve au-deffus des arbres les plus beaux :
Qu'il foit voifin des cieux, qu'il regne fur les eaux :
Qu'il ne puiffe brûler que d'une flâme pure.

Que cet arbre facré
Soit réveré
De toute la Nature.

CHŒUR.

Que cet arbre facré
Soit réveré.
De toute la Nature.

FIN DU DERNIER ACTE.

APPROBATION.

J'Ai lû par ordre de Monfeigneur le Chancelier, une nouvelle réimpreffion de l'Opera *d'Atis* ; & je n'y ai rien trouvé que de conforme aux Éditions précedemment approuvées, à Paris ce 11 Octobre 1747.

DEMONCRIF.

On trouvera le Privilége à la fin des autres Operas.

De l'Imprimerie de la Veuve de DELORMEL, & Fils, Imprimeur de l'Académie Royale de Mufique, ruë du Foin à Sainte Geneviéve, & à la Colombe Royale.